MEDITACIÓN

Activa tus chakras y vive la vida llena de felicidad

(Aprenda a meditar para una experiencia espiritual)

Ram Ceja

Publicado Por Daniel Heath

© **Ram Ceja**

Todos los derechos reservados

Meditación: Activa tus chakras y vive la vida llena de felicidad (Aprenda a meditar para una experiencia espiritual)

ISBN 978-1-989853-82-5

Este documento está orientado a proporcionar información exacta y confiable con respecto al tema y asunto que trata. La publicación se vende con la idea de que el editor no esté obligado a prestar contabilidad, permitida oficialmente, u otros servicios cualificados. Si se necesita asesoramiento, legal o profesional, debería solicitar a una persona con experiencia en la profesión.

Desde una Declaración de Principios aceptada y aprobada tanto por un comité de la American Bar Association (el Colegio de Abogados de Estados Unidos) como por un comité de editores y asociaciones.

No se permite la reproducción, duplicado o transmisión de cualquier parte de este documento en cualquier medio electrónico o formato impreso. Se prohíbe de forma estricta la grabación de esta publicación así como tampoco se permite cualquier almacenamiento de este documento sin permiso escrito del editor. Todos los derechos reservados.

Se establece que la información que contiene este documento es veraz y coherente, ya que cualquier responsabilidad, en términos de falta de atención o de otro tipo, por el uso o abuso de cualquier política, proceso o dirección contenida en este documento será responsabilidad exclusiva y absoluta del lector receptor. Bajo ninguna circunstancia se hará responsable o culpable de forma legal al editor por cualquier reparación, daños o pérdida monetaria debido a la información aquí contenida, ya sea de forma directa o indirectamente.

Los respectivos autores son propietarios de todos los derechos de autor que no están en posesión del editor.

La información aquí contenida se ofrece únicamente con fines informativos y, como tal, es universal. La presentación de la información se realiza sin contrato ni ningún tipo de garantía.

Las marcas registradas utilizadas son sin ningún tipo de consentimiento y la publicación de la marca registrada es sin el permiso o respaldo del propietario de esta. Todas las marcas registradas y demás marcas incluidas en este libro son solo para fines de aclaración y son propiedad de los mismos propietarios, no están afiliadas a este documento.

TABLA DE CONTENIDO

Parte 1deje Que El Por Qué Lo Encuentre 1

Deje Que El Por Qué Lo Encuentre 2

Mitos Sobre La Meditación 4

Excusas – Falta De Conocimiento 5

Los 250 Beneficios De La Meditación 6

El Hábito De Los Grandes 26

Parte 2 28

Meditación: ¿Qué Es Y Por Qué Me Debe Importar? 29

HISTORIA DE LA MEDITACIÓN. 30
BENEFICIOS DE SALUD FÍSICA 31
BENEFICIOS DE SALUD MENTAL 33
DISMINUCIÓN DEL ESTRÉS Y ANSIEDAD. 34
ALIVIANDO LA DEPRESIÓN 39
MEJORAR EL ENFOQUE Y LA CONCENTRACIÓN 41
BENEFICIOS ESPIRITUALES 47

Así Que ¿Cómo Inicio Si Nunca Antes He Meditado? 52

TONOS ISOCRÓNICOS. 54
MEDITACIÓN DE ATENCIÓN PLENA. 56

¿Cuánto Tiempo Debo Meditar? 59

ENCONTRANDO TIEMPO PARA MEDITAR CON TU APRETADA AGENDA 59
LOS BENEFICIOS DE LA MEDITACIÓN DIARIA. 59
ENCONTRANDO TIEMPO PARA MEDITAR CON UNA APRETADA AGENDA
.... 60
CALIDAD SOBRE CANTIDAD 61
CÓMO MEDITAR EN DONDE SEA 61
ENCUENTRA EL MEJOR MOMENTO PARA MEDITAR 63

¿Cómo Debo Sentarme? 65

- Mantras: ¿Qué Hacen? Y ¿Necesito Usarlos?............ 74
  - CÓMO FUNCIONAN LOS MANTRAS 75
  - EJEMPLOS DE MANTRAS 76
  - COMO TRANSFORMAN LOS MANTRAS........................... 78
- ¿Qué Pasa Si No Puede Quedarme Quieto?................ 80
  - CUÁNDO Y DÓNDE 81
  - PREPARACIÓN 82
  - CAMINATA DE MEDITACIÓN....................................... 83
- Guía Para La Meditación De Atención Plena 87
  - AMBIENTE 88
  - POSTURA 89
  - ENFOQUE 90
  - RESPIRACIÓN 90
  - PENSAMIENTOS.. 91
- Meditación Taoista 93
  - ¿CÓMO FUNCIONA? 95
- Meditación Zen... 99
  - FILOSOFÍA SANADORA 99
  - ¿CÓMO FUNCIONA? 100
  - BENEFICIOS 103
- Meditación Guiada 104
  - ¿CÓMO FUNCIONA LA MEDITACIÓN GUIADA?............ 105
  - PODEROSOS BENEFICIOS DE LA MEDITACIÓN GUIADA. ... 109
- Otras Técnicas De Meditación 110
  - MEDITACIÓN DE YOGA 111
  - TAI CHI 112
  - MEDITACIÓN TRASCENDENTAL 113
- Cómo Meditar Para Dormir 115
  - PRIMER PASO: 115
  - SEGUNDO PASO: 116

TERCER PASO: 117
CUARTO PASO: 117

Pensamientos Finales 119

Parte 1

DEJE QUE EL POR QUÉ LO ENCUENTRE

Estimado lector,

Bienvenidos. Escribí el presente libro con un solo objetivo en mente: ayudarlos en un nuevo comienzo hoy mismo, y no solo comenzar, sino también, continuar con la meditación día tras día hasta que comience a obtener los resultados y beneficios que esta actividad tiene para ofrecerle.

*Durante los últimos años, he estado estudiando las mejores técnicas de meditación. No solo eso, sino que también, he probado las mejores que existen hasta ahora. Creanme que encontrarán millones de libros e ideas de cómo comenzar con la meditación, sin embargo creé este libro para ayudarles a descubrir el **por qué de comenzar** a practicar esta actividad.*

La mayoría de las personas piensan que la meditación es importante y que de alguna manera es útil. Algunos nunca comienzan a practicarla mientras que otros la practican solo por algunos días, semanas y luego abandonan. ¿Por qué ocurre esto?

FALTA DE RAZONES. FALTA DE OBJETIVOS. FALTA DE CONOCIMIENTO

El presente libro es casi todo acerca del conocimiento. He luchado mucho para poder hacer de la meditación un hábito. Creanme, cuando me dí cuenta de todas las razones por las que debería meditar dejé de modo inmediato lo que estaba haciendo y me puse a meditar en ese momento por tan solo unos minutos. Ese momento fue un hito para mí. Ese momento fue cuando comencé con la meditación y he continuado con dicha práctica diariamente por casi tres años ya.

En las próximas páginas se tratarán los mitos sobre la meditación y las excusas que la gente plantea para nunca practicarla . Además avanzaremos hacia los 250 beneficios de la meditación. Por favor, lealos a conciencia y subraye aquellos que le parezcan interesantes

¡Deje que las razones lo encuentren a usted e intentelo!

En los últimos capítulos, les revelaré la forma mas rápida de comenzar con la meditación de una vez por todas. ¡Que disfruten de la lectura!

Mitos sobre la meditación

La meditación es poner la mente en blanco

En realidad no. Cuando comienza a meditar puede ocurrir exactamente lo opuesto.

Me tengo que sentar en una forma específica

No. Para meditar se puede sentar en cualquier lado, solo trate de no recostarse completamente porque se puede quedar dormido.

Tengo que meditar durante una hora por completo al día

No. No hace falta. Al comienzo pequeñas dosis son suficientes.

Para meditar debería cantar en otro idoma o usar mantras

No necesariamente. Existen muchas técnicas para favorecer la meditación. Pero por ahora para comenzar el **silencio** es necesario y beneficioso.

La meditación es religiosa

En realidad, la meditación es algo que va mas allá de las religiones y las culturas.

La meditación es extraña

Bueno, es solo sentarse y respirar ¿Qué hay de malo con eso?

Para meditar necesito un atuendo especial

Sin comentarios.

EXCUSAS – FALTA DE CONOCIMIENTO

"No puedo meditar" ¿por qué?

Cuando medito, siento que mi mente piensa en mis preocupaciones. Otros pueden meditar pero yo solo experimento caos, ruido, pensamientos y emociones.

No te preocupes. Mi consejo es que no te

preocupes cómo te sientes durante la meditación. Lo que verdaderamente importa es cómo te sientes luego de meditar y durante el resto del día.

No me puedo mantener quieto sentado por mucho tiempo

Eso es perfectamente normal. Cuando comiences con la practica, si necesita moverse, hágalo.

No tengo tiempo para meditar

Si tiene tiempo para comer, tiene tiempo para meditar. Sin comida, se muere. Así que tiene que hacerlo. UNA GRAN RAZÓN, ¿no lo cree? Lo mismo ocurre con la meditación. Encuentre las razones por las cuales debe hacerlo y siempre encontrará tiempo suficiente para practicarla todos los días.

LOS 250 BENEFICIOS DE LA MEDITACIÓN

Busque los beneficios que le llaman la atención. Recuerde resaltar y escribir algunas notas sobre ellos, si es necesario.

Quiero aclarar algo. **Yo no inventé ninguno de estos beneficios**. Solo he compilado los mejores que he encontrado en libros, en internet y en otros recursos. **Quiero darles el crédito a los expertos y organizaciones que han realizado las investigaciones y proporcionado los resultados.** Encontrará una lista de los contribuyentes, organizaciones y páginas web al final del libro.

1. La meditación ayuda a reducir los síntomas del trastorno de pánico
2. Aumenta la concentración de materia gris en el cerebro
3. La meditación mejora la vigilancia psycomotora extremadamente
4. La meditación disminuye la necesidad de dormir
5. La meditación mejora la concentración
6. mejora la atención
7. mejora la habilidad de poder trabajar bajo stress

8. La meditación mejora el procesamiento de la información
9. mejora la toma de decisiones
10. le proporciona fuerza mental
11. construye resistencia
12. mejora la inteligencia emocional
13. lo hace mas fuerte para enfrentar el dolor
14. La meditación le alivia el dolor mejor que la morfina
15. La meditación le ayuda a manejar el TDAH (trastorno por déficit de atención e hiperactividad)
16. La atención plena de la meditación mejora la recuperación de la memoria

rapidamente

17. La meditación previene que caiga en la trampa de hacer múltiples tareas a menudo
18. La meditación lo prepara para abordar eventos estresantes
19. La meditación aumenta la conciencia

sobre su inconciente

20. La meditación conciente propicia la creatividad
21. La meditación reduce el riesgo de enfermedad coronaria y ataques cardíacos
22. La meditación afecta los genes que controlan el stress y la inmunidad
23. EL entrenamiento conciente reduce los trastornos inflamatorios
24. La practica conciente ayuda a prevenir y tratar el asma
25. previene la artritis reumática
26. previene las enfermedades gastrointestinales
27. La meditación y la oración meditativa ayuda a tratar el sindrome premenstrual
28. ayuda a tratar el sindrome premenstrual
29. El entrenamiento conciente es útil para los pacientes diagnosticados con fibromialgia

30. La meditación ayuda a controlar el rítmo cardíaco
31. ayuda a controlar el rítmo respiratorio
32. La meditación conciente podría incluso ayudar a tratar el HIV *" Científicos de UCLA han informado que la práctica de la meditación conciente detiene la disminución de células T CD4 en pacientes positivos con HIV que sufren de stress y disminuye la progresión de la enfermedad "*
33. La meditación a conciencia reduce el riego de padecer Alzheimer
34. reduce el riesgo de muerte prematura
35. La meditación puede hacerte vivir más tiempo
36. puede reducir el síndrome metabólico
37. ayuda a gestionar los efectos de un trauma
38. reduce la presión arterial
39. reduce arteriosclerosis
40. reduce el engrosamiento de las arterias coronarias

41. reduce la isquemia miocárdica
42. ayuda a gestionar y prevenir la ansiedad
43. ayuda a gestionar el colesterol
44. ayuda con el tratamiento de la epilépsia
45. ayuda a crear nuevos hábitos
46. crea un estado profundo de descanso en el cuerpo y en la mente
47. incrementa la resistencia de la piel
48. mejora la claridad de los pensamientos
49. La meditación del amor y la bondad también reduce el aislamiento social
50. La meditación aumenta el sentimiento de la compasión
51. La meditación reduce las preocupaciones
52. La meditación a conciencia reduce el sentimiento de soledad
53. La meditación reduce la angustia oral y previene la obesidad
54. reduce los síntomas de la depresión

55. reduce el stress psicosomático
56. reduce los sentimientos de hostilidad y conflicto con los compañeros
57. reduce la ansiedad
58. reduce la reactividad
59. reduce el uso de sustancias
60. incrementa la retención cognitiva
61. incrementa el cuidado personal
62. Incrementa el optimismo y las emociones positivas
63. Incrementa el sentimiento de felicidad
64. Incrementa el sentimiento de bienestar
65. mejora las destrezas sociales
66. mejora el descanso
67. mejora la autoestima
68. mejora el desempeño académico
69. Las personas que meditan son capaces de afectar la realidad a su alrededor a nivel cuántico
70. También hay registros de que la meditación a conciencia mejora la vida

sexual
71. reduce la discriminación por raza y edad
72. ayuda con enfermedades crónicas como las alergias, la artrítis, etc.
73. ayuda con los síntomas premestruales
74. ayuda con la recuperación en el postoperatorio
75. ayuda con la confianza en uno mismo
76. reduce la actividad de viruses y el stress emocional
77. mejora la energía
78. mejora la fuerza
79. ayuda con la pérdida de peso
80. reduce la propensidad al daño de tejidos radicales
81. reduce los niveles de colesterol
82. reduce el riesgo de enfermedad cardiovascular
83. mejora el paso del aire a los pulmones resultando en una mejora en la respiración

84. reduce el proceso de envejecimiento
85. Altos niveles de DHEAS (deshidroepiandrosterona)
86. previene, retarda o controla el dolor en enfermedades crónicas
87. transpira menos
88. cura dolores de cabeza y migrañas
89. mayor orden en el funcionamiento del cerebro
90. reduce la necesidad de atención médica
91. menos desgaste de energía
92. inclinación mayor al deporte y a las actividades
93. alivio significativo del asma
94. mejora el desempeño en eventos atléticos
95. normaliza el peso deseado
96. armoniza el sistema endócrino
97. relaja el sistema nervioso
98. produce cambios beneficiosos a largo

plazo en la actividad eléctrica cerebral

99. cura la infertilidad (el stress por infertilidad puede interferir en la producción de hormonas que regulan la ovulación).

100. ayuda con la confianza en sí mismo

101. aumenta el nivel de serotonina que influencia el carácter y la conducta

102. resuelve las fobias & los miedos

103. ayuda a controlar los pensamientos

104. ayuda a mantener la concentración

105. aumenta la creatividad

106. aumenta la coherencia de la onda cerebral

107. mejora la habilidad cognitiva

108. mejora la memoria

109. aumenta el sentimiento de vitalidad

110. aumenta la estabilidad emocional

111. mejora las relaciones

112. La mente envejece a una tasa mas lenta

113. facilita la remoción de malos hábitos
114. desarrolla la intuición
115. aumenta la productividad
116. mejora las relaciones en casa & en el trabajo
117. permite ver el bosque y no solo el árbol, en situaciones dadas
118. ayuda a ignorar problemas insignificantes
119. aumenta la habilidad para resolver problemas complejos
120. purifica el carácter
121. desarrolla el poder de la voluntad
122. Mayor comunicación entre los dos hemisferios cerebrales
123. Reacción mas rápida y efectiva frente a sucesos de stress
124. aumenta la habilidad de percepción y el desempeño motor
125. Mayor crecimiento de la tasa de inteligencia
126. Mayor satisfacción en el trabajo

127. aumenta la capacidad de contacto íntimo con los seres queridos
128. reduce el riesgo potencial de enfermedades mentales
129. mejora la conducta social
130. menos agresividad
131. ayuda a dejar de fumar
132. elimina la adicción por el alcohol
133. reduce la necesidad y dependencia de drogas, píldoras & otros remedios
134. Se necesita menos descanso para recuperarse del sueño atrasado
135. Se necesita de menos tiempo para poder dormirse
136. ayuda a curar el insomnio
137. aumenta el sentido de la responsabilidad
138. reduce la rabia en la carretera
139. reduce el pensamiento inquieto
140. reduce la tendencia a las preocupaciones

141. aumenta la habilidad de la escucha
142. mejora la empatía
143. ayuda a realizar juicios correctos
144. Mayor tolerancia
145. aporta compostura para actuar de manera considerada y constructiva

146. hace a una personalidad mas estable y balanceada
147. desarrolla la madurez emocional
148. ayuda a mantener las cosas en perspectiva
149. da paz mental y felicidad
150. Te ayuda a descubrir tus objetivos en la vida
151. aumenta la autorealización
152. aumenta la compasión
153. Crecimiento de la sabiduría
154. Mayor entendimiento de ti mismo y de los otros
155. El cuerpo, la mente y el espíritu se

ponen en armonía

156. Nivel mas profundo de relajación espiritual
157. aumenta la aceptación de uno mismo
158. ayuda a aprender a perdonar
159. Se vuelve una persona mas atractiva
160. Le cambia la actitud hacia la vida
161. crea una relación mas profunda con su Dios
162. le hace alcanzar mayor claridad
163. Mayor control interno
164. le ayuda a vivir en el tiempo presente
165. crea una amplia y mayor capacidad para amar
166. le permite descubrir el poder y la conciencia mas allá del ego
167. experimenta un sentido interno de "Confianza, seguridad y conocimiento"
168. experimenta un sentido de "unidad en sí mismo"

169. incrementa la sincronicidad en su vida
170. le ayuda a ganar control sobre su vida
171. mejora la imaginación
172. mejora la autodisciplina
173. fomenta el auto respeto
174. mejora el desempeño en los examenes escolares
175. mejora el coheficiente intelectual y los niveles de inteligencia
176. crea motivación intrínseca
177. despierta su mente
178. le hace la vida mas fácil
179. logra conocerse mejor así mismo
180. ayuda a expandir la zona de confort
181. le ayuda a pensar mas allá de los límites
182. calma su mente
183. crea nuevas conexiones neurales en el cerebro

184. mejora la vivacidad
185. ayuda a manifestar los deseos
186. mejora la autoestima
187. proporciona una actualización rápida de su cerebro
188. a veces es mejor que tomar una siesta
189. mejora la resolución de problemas
190. mejora la imagen de uno mismo
191. es un escape de este mundo
192. ayuda a lidear con shocks del pasado
193. lo conecta con el universo
194. mejora la capacidad de visión
195. ayuda a conocer y a guiar su ego
196. ayuda a visualizar su potencial
197. agudiza sus habilidades
198. mejora el sentido de valía personal
199. es fundamental para el crecimiento personal
200. le cambia la actitud en cuestión de

segundos

201. mejora la interpretación de la vida
202. tiempo para sí mismo
203. mejora la calidad del pensamiento
204. le ayuda a ganar precisión
205. ayuda a remover bloqueos mentales
206. refuerza una personalidad mucho mas positiva
207. le ayuda a superar la timidez
208. se sentirá relajado y actuará con naturalidad en todo tipo de circunstancias
209. le ayuda a destruir creencias limitadoras
210. ayuda a profundizar la capacidad cerebral
211. le convierte en un constante fluir de ideas(para los negocios, la familia, la comunidad, etc)
212. le ayuda a gestionar la ira y otras emociones negativas
213. mejora el lenguaje corporal

214. mejora el tono del lenguaje

215. es ideal para la proposición y consecución de metas

216. transforma el sufrimiento en comprensión

217. ayuda a soltar situaciones duras y pérdidas

218. ayuda en la producción de hormonas saludables

219. le ayuda a abrir su mente

220. es útil, en especial, cuando está aburrido

221. proporciona firmeza

222. ayuda a destruir el miedo de hablar en público

223. programa su mente para manejarse en situaciones que pueden incrementar las posibilidades de éxito

224. mejora el poder de decisión y la voluntad

225. le ayudará a mejorar en cualquier area de su vida

226. mejora la respiración
227. mejora la esperanza
228. reafirma la fe
229. realza la inteligencia superior
230. reduce la agresividad cuando conduce en su coche
231. reduce lo que se conoce como *ATS, síndrome de pensamiento acelerado,* que se manifiesta como stress, nerviosismo y ansiedad.
232. lo conecta con niveles superiores del pensamientos
233. mejora el coraje y la persistencia
234. le da seguridad en sí mismo para afrontar el futuro
235. reduce la tensión muscular
236. Cuando lo necesita, le ayuda a mejorar su habilidad de realizar varias tareas de modo efectivo
237. le ayuda a superar la adicción por el celular
238. le ayuda a superar la adicción por la

pornografía

239. le ayuda a superar el miedo al fracazo

240. lo hará sentir bien y se verá bien

241. Cuando medita, de hecho, ahorra tiempo. Tiempo invertido en stress, miedos y en la imposibibilidad de actuar

242. Cuando medita ahorra dinero. Dinero que gasta de modo regular en cosas sin importancia

243. La meditación es uno de esos hábitos que no requieren de mucho tiempo

244. La meditación puede proporcionarle las respuestas a sus mas profundas preguntas

245. le proporciona integridad

246. le ordenará su vida

247. le ayudará a conseguir mas en menos tiempo

248. LE CAMBIARÁ LA VIDA

249. NO TIENE EFECTOS

SECUNDARIOS

250. ES TOTALMENTE GRATIS

Tómese un momento breve para escribir o pensar acerca de al menos 5 beneficios que son particularmente importantes para usted:

EL HÁBITO DE LOS GRANDES

Aquí solo revise la lista de personas conocidas que meditan o lo han hecho en el pasado. Quizá, este hábito tiene mucho que ver con el éxito que obtuvieron.

Tim Ferris
Angelina Jolie
Arnold Schwarzenegger
Huge Jackman
Mary Tyler Moore
Paul McCartney
Nicole Kidman
Oprah Winfrey
Tony Robbins
Ben Harper
Goldie Hawn
Katie Perry
Steve Jobs

George Lucas
Eva Mendes
Ellen DeGeneres
Lena Dunham
Lenny Kravitz
Kimora Lee Simmons
Jeff Goldblum
Kristen Bell
Laura Dern
George Harrison
Martin Scorsese
Jane Fonda
Naomi Watts
Howard Stern
Heather Graham
John Lennon
Ringo Starr
Russell Simmons
Jack Canfield
Shirley MacLine

Parte 2

Meditación: ¿Qué es y por qué me debe importar?

La meditación es la simple transformación de la mente del hombre a un estado más profundo de consciencia de sí mismo. Sus prácticas son técnicas que promueven el desarrollo de mayor concentración, claridad y calma al observar la verdadera naturaleza del mundo. Consiste en un estado de enfoque silencioso, a través del cual el individuo se siente en paz, pero al mismo tiempo vigorizado. Existe cierto número de beneficios comprobados, tanto físicos y mentales como espirituales, que resultan de comprometerse con la meditación, los cuáles serán explorados en su totalidad a lo largo de este libro. Al comprometerse con la meditación, el individuo logra cultivar un estilo de vida más positivo y desarrolla un entendimiento completamente nuevo de su vida.

Historia de la Meditación.

Aunque la historia registrada de la meditación es más bien escasa, sus raíces son conocidas por datar del mundo antiguo. Hace unos 5000 años, la meditación envolvía una práctica bien estructurada, a la que escritos de la India se refieren como tantras. Buda, uno de los mayores exponentes de la práctica en la historia, compartió sus enseñanzas alrededor del año 500 a.C. La meditación se extendió a lo ancho del continente asiático.Como resultado, culturas distantes la adaptaron, dándole su propia forma. Las prácticas de meditación budista e hinduista siguen siendo las más populares hasta nuestros días. Miles de años después, a mediados del siglo 20, la meditación ganó popularidad en la sociedad de occidente, luego de que algunas investigaciones descubrieron los múltiples beneficios asociados con la práctica de sus técnicas.

Beneficios de Salud Física.

La meditación ha comprobado, a lo largo de extensos estudios e investigaciones, disminuir significativamente la presión arterial. Las personas que meditan con regularidad incluso muestran un elevado funcionamiento del sistema inmunológico, principalmente debido a que este tiende a ser activado en menor grado durante una situación estresante. La meditación es de gran utilidad si una persona tiene una condición médica crónica, en especial aquellas que empeoran con el estrés. Algunas de las condiciones médicas con las que se ha ligado a la meditación son: hipertensión, cáncer, desorden de ansiedad, dolor crónico, niveles altos de colesterol, abuso de substancias, alergias y enfermedades del corazón.

A través de los muchos ejercicios de respiración asociados con la meditación, hay un renovado flujo de aire llegando a los pulmones. Esto resulta benéfico para todas las personas, pero en especial para aquellas que sufren de asma crónica. El descanso profundo disminuye la tasa metabólica, disminuye la frecuencia cardíaca, así como la tensión muscular. Por lo tanto, los que tienen problemas de insomnio lograrán conciliar el sueño con mayor facilidad, y dormir profundamente sin despertar con frecuencia. Esto lleva a elevar los niveles de energía a lo largo del día, lo que permitirá que el individuo permanezca más alerta y listo para enfrentar lo que la vida le arroje. Y lo mejor de todo, se ha encontrado que los que meditan con regularidad tienen una menor edad biológica de la que su edad sugiere.

Aquí encontrarás una lista de algunos de los beneficios de salud más comunes que puedes experimentar gracias a la meditación.

- Disminución de la presión arterial
- Mejor flujo sanguíneo
- Disminución del ritmo cardiaco
- Menor cantidad de sudor
- Disminución del ritmo respiratorio
- Disminución de los niveles de cortisol en sangre
- Mayor sensación de bienestar

- Disminución el estrés
- Mejor relajación

Beneficios De Salud Mental

La meditación es usada con frecuencia hoy en día como un método de tratamiento de desórdenes psicológicos, tales como ansiedad, estrés y depresión. Cuando practicamos la meditación, el corazón y el ritmo respiratorio disminuyen, la presión sanguínea se normaliza y el oxígeno es usado con mayor eficiencia. Esto provoca que las glándulas adrenales produzcan una menor cantidad de la hormona cortisol, la cual revierte la respuesta al estrés. La meditación no solo se relaciona con la sensación de estar menos estresado, sino que, literalmente, los niveles de estrés disminuyen en el cuerpo. El cuerpo es capaz de equilibrar su propio sistema neuroquímico para reducir cualquier posible desorden. Por ello la meditación permite que disminuyan el nerviosismo, el mal humor, la tendencia a la preocupación y la irritabilidad.

Existe una excelente razón por la que la meditación ha sido practicada por, literalmente, miles de años: ayuda a los individuos a transformar sus vidas. La mayoría de las personas están al tanto de los beneficios físicos de la meditación, incluyendo la reducción de la presión arterial, de los dolores de cabeza y la mejora del funcionamiento del sistema inmunológico.

Sin embargo, muchos estudios han encontrado una tremenda relación entre la meditación y una multitud de beneficios mentales también. La práctica de la meditación ayuda a disminuir el ritmo respiratorio, encontrar paz interior y aclarar la mente de pensamientos erráticos, para así promover una salud mental completa. En esta sección entraré en más detalles de algunos de los beneficios para la salud mental que se pueden alcanzar con la meditación.

Disminución Del Estrés y Ansiedad.

Más y más evidencia es descubierta en las

investigaciones, casi cada año, para respaldar la clara asociación entre la meditación y la disminución en los niveles de estrés y ansiedad. Por ejemplo, en 2007, un estudio publicado en el diario de "Proceedings of National Academy of Science"[1] de la Universidad de Oregón muestra que los investigadores encontraron que participar en un entrenamiento mente-cuerpo de meditación, de hecho ayuda al cuerpo humano a disminuir, a nivel fisiológico, la liberación de cortisol, que se ha llamado la "hormona esteroide del estrés". Como resultado, el estudio encontró que los participantes del estudio, todos ellos universitarios, experimentaron menores niveles de estrés, ansiedad e incluso fatiga, comparado con aquellos que no meditaban.

Basado en estos resultados, es seguro concluir que la meditación puede ayudar a los estudiantes universitarios a lidiar mejor con los retos que representa dicha etapa, tales como manejar la presión de los

---

[1] Actas de la Academia Nacional de Ciencias

exámenes parciales y finales, o de tener que redactar reportes importantes. Obviamente cuando son capaces de manejar mejor el estrés asociado con la universidad, los estudiantes pueden enfocarse mejor y, finalmente, obtener mejores notas como resultado. También en el año de 2008, el "Journal of American College Health"[2] publicó un estudio con resultados similares que demostró como la meditación tiene el poder de reducir el estrés, así como facilitar el perdón.

Recientemente, investigadores del "Wake Forest Baptist Medical Center"[3] publicaron un estudio aún más detallado en el "Social Cognitive and Affective Neuroscience Journal".[4] El estudio involucró 15 participantes que reportaron niveles normales de estrés, sin historial de desórdenes de ansiedad y sin experiencia previa practicando meditación. Para empezar, los participantes se sometieron a escaneo cerebral para registrar su actividad cerebral normal, así como sus

---

[2] Diario del Colegio Americano de Salud
[3] Centro Médico Bautista Bosque en Vigilia
[4] Diario de Neurociencia Social, Cognitiva y Afectiva.

niveles de ansiedad. Luego de participar en tan solo cuatro clases de meditación de veinte minutos, los investigadores realizaron otro escaneo cerebral. El estudio encontró que la meditación impactó la corteza prefrontal ventromedial del cerebro, la cuál es la parte del cerebro responsable de controlar las preocupaciones. Por tanto, los niveles de ansiedad de los participantes disminuyeron en más del 39 por ciento, luego de aprender prácticas de meditación.

En Marzo de 2013, "The Journal of Health Psychology"[5], publicó más evidencia de soporte sobre diferentes relaciones encontradas entre el estrés y la consciencia plena. Conducido por los investigadores de post doctorado de la Universidad de California, el estudio dio seguimiento a 57 participantes, quienes pasaron tres meses en un retiro de meditación Shamatha. Al inicio del estudio se midieron los niveles de cortisol de todos

---

5 El diario de Salud Psicológica

los participantes a través de una prueba en su saliva, y cada uno evaluó sus propios niveles de atención plena en una escala designada. Los investigadores no solo encontraron mucho mayores niveles de atención plena al final del retiro, sino que los resultados de las pruebas demostraron una disminución dramática en los niveles de cortisol.

Es muy benéfico para todos los individuos disminuir sus niveles de ansiedad, pero es aún más crucial para los que batallan con Desorden de Estrés Post Traumático (DEPT). Ya sea que el desorden sea resultado de la guerra, un abuso u otras formas de violencia, el diario "Depression and Anxiety"[6] ha probado que la meditación puede ser la respuesta. En el estudio, pacientes con DEPT de una clínica ambulatoria pasaron por un proceso de ocho semanas de tratamiento de terapia cognitiva basado en meditación. Luego de terminado el programa, los investigadores de la Universidad de Michigan encontraron

---

6 Depresión y Ansiedad

que 73% de los veteranos que participaron en la terapia de meditación tuvieron mejorías en los síntomas de estrés y ansiedad, comparado con solo 33% en el caso de tratamientos convencionales.

Aliviando la depresión

La depresión es una enfermedad mental muy severa, con la que viven cerca de 19 millones de adultos de la población de EUA hoy en día. A pesar de que numerosos antidepresivos y técnicas de terapia han probado ser efectivos, los hallazgos de las investigaciones indican que la meditación puede ser igual de benéfica para aliviar los síntomas paralizantes de la depresión, sin mencionar el hecho de que no tienes que preocuparte de los efectos secundarios que puedes experimentar al consumir medicamentos. "The American College of Rheumatology"[7] publicó un estudio en 2007 que encontró que la meditación es exitosa para aliviar los síntomas de

---
[7] Colegio Americano de Reumatología

mujeres que padecen fibromialgia. Durante el estudio de ocho semanas, las 91 mujeres participantes fueron guiadas por un Licenciado en Psicología Clínica por un entrenamiento en meditación. Al final, los síntomas de depresión mejoraron significativamente para todas los pacientes de las tres evaluaciones realizadas, en comparación con las pacientes del grupo de control.

Una investigación de la Universidad de Exeter y del Proyecto de Atención Plena es Escuelas han provisto también de evidencia de que la meditación no solo es benéfica para los adultos, sino que también lo es para los niños. En el estudio, los investigadores enseñaron técnicas de meditación en 9 lecciones a 256 estudiantes de entre 12 y 16 años de edad. Incluso para los más cínicos por su grupo de edad, los resultados encontraron que los niños y adolescentes que recibieron lecciones de meditación fueron menos propensos a desarrollar depresión u otros desórdenes de conducta. Luego de un seguimiento de tres meses, cerca del 80% de los participantes reportaron continuar usando las técnicas de meditación y haber percibido una mejora en su desempeño académico.

Mejorar el Enfoque y la Concentración

Para aquellos que están atravesando dificultades para permanecer enfocados en sus vidas, los estudios demuestran que la meditación puede ayudar. En un estudio elaborado en 2010, publicado en "The Psychological Science Journal[8], trece investigadores de la Universidad Davis, de California, buscaban evidencia sólida de incremento en la concentración entre los individuos que practican la meditación. Durante un retiro de meditación de tres meses de duración, eligieron a 60 entusiastas de la meditación para participar en pruebas de concentración al inicio y a la mitad del evento. Comparado con la lista del grupo de control, los que

---

[8] El diario de Ciencias Psicológicas

meditaron activamente resultaron presentar mayor enfoque y mayor precisión al completar las pruebas de concentración.

Aunque la mayoría de las personas no se pueden permitir invertir el tiempo y el dinero que implica asistir a un retiro y meditar por seis horas al día, es importante notar que los mismos beneficios de incremento en la concentración y el enfoque se encontraron en estudios más breves también. Por ejemplo, los investigadores de la Universidad Charlotte de Carolina del Norte, encontraron en estudios pasados que los estudiantes universitarios mejoraban su concentración al cabo de tan solo cuatro días.

Luego de que los participantes participaron en cuatro días de entrenamiento de meditación de tan solo 20 minutos diarios, mostraron mejoras significativas en la concentración y habilidades cognitivas críticas relacionadas con el aumento de la cognición. A través de pruebas de comportamiento (baterías) analizando el humor, la atención visual, la vigilia, la memoria y el enfoque, los estudiantes que recibieron entrenamiento en meditación alcanzaron resultados significativamente superiores. Por lo tanto, la meditación no solo ayuda a los estudiantes universitarios a lidiar con el estrés de la Universidad, sino que al mismo tiempo les ayuda a enfocarse y concentrarse mejor en sus estudios. No es de sorprender que dichos estudiantes sean capaces de tener un mejor desempeño.

Aumenta la Felicidad y la Autoconfianza

Como parte de la naturaleza humana, es normal que las personas sean subjetivas cuando se evalúan a sí mismas y sus propias personalidades. Sin embargo, una de las mejores maneras de quitarse los lentes color de rosa es con meditación y atención plena. En estudio publicado por el diario "Perspectives on Psychological

Science"[9], los investigadores descubrieron que la práctica de la meditación ayuda a los individuos a estar más conscientes de su ser interior, sin emociones negativas preconcebidas. Los participantes presentan mayores niveles de estabilidad emocional, más auto consciencia y elevados niveles de emociones positivas relacionadas con la autoconfianza.

En otro estudio del Laboratorio de Neurociencia de la Afectividad de la Universidad de Wisconsin, los investigadores estudiaron imágenes de escaneo cerebral de monjes que practicaban meditación de manera regular. Los resultados supervisados descubrieron que los circuitos cerebrales de quienes han meditado por un largo tiempo es diferente de quienes no lo han hecho. Normalmente, cuando los individuos están tristes o molestos, la amígdala y la corteza pre frontal derecha del cerebro presentan actividad en el escaneo cerebral. Por otro lado, la corteza pre frontal izquierda

---

[9] Perspectivas de Ciencia Psicológica

aumenta su actividad cuando se está de un humor positivo y alegre. Resulta muy interesante resaltar que los monjes presentaron actividad especialmente alta en el córtexpre frontal izquierdo, mostrando así evidencia de que la meditación puede aumentar la felicidad.

Los adultos mayores se encuentran entre las personas más propensas a experimentar soledad e infelicidad, lo que puede llevar a incrementar los riesgos cardiacos y, en algunos casos, a muerte prematura. En el diario "Brain, Behavior, & Immunity"[10], en Julio de 2012 se publicó un estudio que arrojó algo de luz sobre la más reciente herramienta para ayudar a los adultos mayores a combatir la soledad: la meditación. Para el estudio, 40 participantes de alrededor de 55 y 85 años de edad participaron durante ocho semanas en clases en el hogar de meditación y atención plena de una hora de duración diaria. Al término del programa los resultados mostraron

---

[10] Cerebro, Comportamiento e Inmunidad

decremento significativo en los sentimientos de soledad, así como reducción de la inflamación que pudo haberles llevado a enfermedades cardiacas o del cerebro.

En adición a los muchos beneficios mencionados en este artículo, la meditación ha sido vinculada científicamente con el aumento de la inteligencia, fortaleza en las habilidades para la toma de decisiones, mayor funcionamiento de la memoria, y con retrasar el envejecimiento. De hecho, un estudio del "International Journal of Neuroscience"[11] descubrió que las personas que han meditado por cinco o más años son 12 años más jóvenes de lo que representa su edad cronológica.

Muchos individuos comprometidos con la meditación se encuentran intentando romper con algún hábito poco saludable, como fumar o beber. Esta práctica puede ayudar a las personas a alcanzarlo al

---
[11] Diario Internacional de Neurociencia

separar la emoción de la acción. La meditación mejora la comunicación de las personas consigo mismos, lo que les provee de mejor control sobre lo que piensan y lo que hacen. Tener un mejor entendimiento del proceso de pensamiento puede ayudar a remediar, e incluso prevenir, situaciones preocupantes de salud mental.

Beneficios Espirituales

La meditación acerca a las personas al corazón de Dios. No necesariamente se trata de volverse religiosos, pero no existe la menor duda de que aquellos que creen en un Ser Superior o practican la religión, pueden estar más en contacto con su lado religioso a través de la meditación. A través del proceso de vaciar y silenciar la mente, las personas son capaces de experimentar una más profunda comunión en la cual descubrir el poder más allá de este mundo. La paz mental conlleva una elevada consciencia del ser interior. La habilidad de mirar hacia adentro, más allá de la mente, el cuerpo y la personalidad permite que la persona se vuelva trascendente.

Ahí el individuo es capaz de encontrar la propia verdad y formar un vínculo profundo con el Ser Supremo. Las personas que meditan, frecuentemente reportan experimentar la presencia de Dios dentro de ellos, mientras sus pies permanecen plantados en la tierra. Sin embargo, aún si no crees en Dios, la meditación te ayudará espiritualmente. Simplemente reemplaza a Dios con el Universo. De hecho, algunos ven la meditación como el volverse uno con el Universo. Por ello, la meditación es un proceso de autorrealización y permite un despertar espiritual, sin importar quien seas y en lo que creas.

En el mundo de hoy, es fácil quedar atrapado por el estrés de la vida diaria. Por tanto, deberías tomar algo de tiempo de tu ocupada agenda para alejarte y tener un tiempo a solas. Poner tu mente en paz por solo 20 breves minutos al día producirá notables cambios en tu comportamiento, salud, actitud y patrones de pensamiento. Muchos problemas simplemente desaparecerán, mientras otros se volverán mucho más fáciles de enfrentar.

Sin embargo, ni siquiera requieres iniciar con 20 minutos. Incluso si solo logras dedicar cinco minutos al día al principio, eventualmente comenzarás a notar algunos cambios positivos dentro de ti. Comienza con lo que sea que te haga sentir cómodo, y puedes construir a partir de ahí con el paso del tiempo. Lo último que quieres es que la meditación se vuelva algo desalentador, que se convierta en una tarea más a realizar. La meditación no es una tarea más, de hecho debe de ser justo lo opuesto. Debe ser un escape de las tareas mundanas del día a día que consumen casi toda tu vida.

La meditación debe ser algo que estés deseando hacer todos los días. Quizá no te sientas de este modo al inicio, pero está bien. Esa es precisamente la intención de este libro: ayudarte a vencer los obstáculos más comunes que tienen las personas al meditar, y hacerlo lo más disfrutable posible. Por ello es que quizá quieras iniciar con tan solo unos cuantos minutos al día, de este modo no resultarátan desalentador iniciar.

Sin embargo, conforme pase el tiempo, comenzarás anotar que se vuelve más y más fácil, y no tendrás problema en incrementar el tiempo a 10, 15 y hasta 20 minutos a la vez. De hecho, ha habido ocasiones en las que he planeado tan solo meditar por unos 10 minutos, y me he quedado tan perdido en mi profundo y pacífico estado mental que terminaron pasando 20 minutos sin haberme dado cuenta. Por tanto, si te encuentras limitado de tiempo, no sería una mala idea hacer uso de un temporizador por el tiempo que planeas dedicar a la meditación.

Al final de este libro, espero te encuentres convencido de que la meditación no solo es muy benéfica, pero también sea un proceso que disfrutes. Y ciertamente lo será, una vez que la hayas experimentado unas cuantas veces y notes cuan calmado y en paz te sientes al terminar. Así que encuentra un lugar tranquilo, relaja tu cuerpo, silencia tu mente, y permite que el poder curativo de la meditación invada tu cuerpo.

Así que ¿cómo inicio si nunca antes he meditado?

La meditación es un método de ejercicio para la psique, comparable con lo que es un entrenamiento físico para el cuerpo. También, justo como el ejercicio regular, existen numerosos métodos de meditación. En la tradición budista, la palabra meditación es comparable a la palabra deporte. Representa un grupo de acciones, no solo uno en específico. Diversos ejercicios de meditación requieren de diferentes habilidades intelectuales, así como diferentes deportes requieren de distintas habilidades corporales. Es muy difícil para un principiante permanecer sentado por horas con una mente clara. La mayoría del tiempo, un acercamiento simple para iniciar con la meditación es concentrarse en la propia inhalación.

Este ejercicio de meditación es una introducción excelente a las diferentes técnicas.

1. Siéntate o acuéstate tranquilamente.
2. Cierra los ojos.
3. Intenta no influir en tu inhalación, solo respira de manera natural.
4. Dirige tu atención a la inhalación y en el modo en que te mueves en cada respiración.

Observa el movimiento de tu cuerpo mientras respiras. Se testigo de tu cuerpo, tus costillas y tu abdomen. De nuevo intenta no manejar la inhalación y exhalación, sino simplemente dirigir tu concentración. Si tu mente divaga, suavemente regresa tu atención de vuelta a la inhalación. Mantén este ritual por dos o tres minutos para iniciar y luego intenta hacerlo por un mayor periodo de tiempo.

Una práctica de meditación un poco más avanzada tiene que ver con fijarse en una sola cosa a la vez. Puede consistir en observar la inhalación, recitar una sola palabra o entonación, contemplar la luz parpadeante de una vela, escuchar un monótono gong o pasar cuentas de un rosario.

Tonos isocrónicos.

En vista del hecho de que concentrar la psique es complejo, un novato bien puede meditar por solo unos cuantos minutos, y subsecuentemente trabajar en permaneceren una meditación por mayores periodos de tiempo. No obstante, podría suceder que encuentres demasiado difícil sentarte en total quietud y en la actitud mental para meditar apropiadamente, y permanecer enfocado. Un método que te puede apoyar en mantener el enfoque es usar tonos isocrónicos. Estos tonos son una forma extremadamente útil de motivar la mente en forma de audio. Dicha técnica es una muestra de un procedimiento neurológico multifacético identificado como entrenamiento de ondas cerebrales. Este permite la asistencia de incentivos ópticos o auditivos que influyan en la mente y asistan a los individuos con una gran variedad de complicaciones. En su estado más elemental, un tono isocrónico no es otra cosa que un sonido que se enciende y apaga rápidamente, produciendo ritmos penetrantes e idiosincráticos de reverberación.

Al usar tonos isocrónicos para ayudarte a meditar, simplemente transfieres tu atención a la entidad seleccionada cada vez que percibas que tus pensamientos se desvían por la tangente. Como una alternativa para seguir las ideas casuales, simplemente déjalas ir. En el curso de este método se desarrolla tu capacidad para concentrarte.

Meditación de Atención Plena.

Un método que anima al individuo a adherirse a las observaciones arbitrarias que fluyen por el intelecto es la meditación de atención plena. El objetivo es no sumergirse en la reflexión o formarse una opinión de ellas, sino estar consciente de cada comunicación intelectual, conforme estas se van sucediendo. Durante el curso de una meditación de atención plena, podrás comprender de qué manera tus opiniones y estados emocionales tienden a progresar en colecciones específicas. Conforme pasa el tiempo, puedes volverte más consciente de la propensión social a apresurarse a considerar los encuentros como "rectos" o "corruptos".

La meditación de Atención Plena es grandiosa para los principiantes por un par de diferentes razones. El número uno es el aceptar tus pensamientos y tu entorno justo como son. Empezarás a aceptarlo, en lugar de sentirte frustrado al respecto. Lo que encontrarás al hacer esto es que se irá volviendo más y más fácil dejar ir los pensamientos y sonidos a tu alrededor, y enfocar tu atención en lo que sea que te estés concentrando, como puede ser tu respiración.

Otro reto muy común que experimentan muchos principiantes al meditar es aclarar la propia mente. Cuando un principiante intenta meditar, usualmente encontrará que sus pensamientos se volverán más ruidosos e intensos cuando se disponga a meditar. Esto solo lleva a la frustración, y cuando alguien se frustra con sus pensamientos, estos suelen obsesionarle aún más, lo que provoca desde luego que se vuelvan más profundos. No es necesario decir que esto puede desalentar a los novatos de continuar con la meditación.

Sin embargo con la meditación de Atención Plena tú simplemente le das la bienvenida a tus pensamientos y te vuelves más receptivo con respecto a ellos. Eso no significa que te enganches con ellos, sino que simplemente los identificas como pensamientos. Al identificar, y mostrar mayor aceptación del pensamiento que está ocurriendo, puedes simplemente decirte a ti mismo que siempre puedes volver a tu pensamiento más tarde, si así lo deseas. Al disminuir el estrés sobre los pensamientos que fluyen dentro de ti, encontrarás más sencillo dejarlos ir y reenfocarte con tu respiración. Esta es la razón por la cual esta es una grandiosa técnica de meditación para principiantes. Abundaré un poco más sobre meditación de Atención Plena más adelante en el libro.

¿Cuánto tiempo debo meditar?

Encontrando tiempo para meditar con tu apretada agenda

Comprendes que tu vida mejoraría grandemente con la práctica de la meditación diaria, pero encuentras difícil planearlo con tu apretada agenda. Por suerte, no es necesario permitir que una vida ocupada te aparte de los beneficios de la meditación. Practicando desde dos minutos al día de meditación de forma consistente, serás capaz de obtener las recompensas que ello conlleva.

Los beneficios de la meditación diaria.

Al meditar diariamente, verás inmensos beneficios en todas las áreas de tu vida. Notarás que logras permanecer en calma durante la presión en los negocios y las relaciones; podrás analizar los problemas de tu vida sin sucumbir a la ansiedad y, finalmente, podrás tomar la senda del éxito. Con la meditación, ya no serás retenido por la debilidad. En lugar de ello, podrás superarla con una mente clara. Para alcanzar dicha calma y habilidad de controlar el estrés, requieres meditar diariamente.

Encontrando tiempo para meditar con una apretada agenda

Si tienes una agenda muy ocupada, aún puedes encontrar tiempo para meditar diariamente con tremendos resultados. Aunque el tiempo óptimo de meditación es de unos 15 minutos, aún dos minutos al día serán de gran ayuda para superar el estrés. Meditar cualquier cantidad de tiempo, ya sean dos minutos o una hora, es benéfico, siempre y cuando te adhieras a tu nueva rutina. Asegúrate de apegarte a tu nueva agenda de meditación para alcanzar los beneficios. Si tan solo meditas una vez por semana, no puedes esperar alcanzar los muchos beneficios que se pueden experimentar.

Calidad sobre cantidad

Es importante que tomes tu rutina de meditación con seriedad para ver resultados. Si tan solo cuentas con cinco minutos para practicar, entonces usa esos minutos al máximo para avanzar en tu práctica. Te sorprenderás de tu progreso si solo meditas constantemente por unas cuantas semanas. Si te apegas a tu rutina, te encontrarás a ti mismo lleno de calma y con mayor enfoque a lo largo del día.

Cómo meditar en donde sea

Aunque la mejor opción sería meditar en casa, siempre puedes encontrar la forma de tener tu práctica de meditación durante un día ocupado. Toma un momento para meditar en la oficina, o medita por un momento en tu receso para el almuerzo para continuar siendo consistente. Incluso puedes intentar meditar en el camión o el tren. Cuando vas en el camión pareciera no ser el mejor momento para meditar, pero pronto te darás cuenta de que puedes aislarte del ruido a tu alrededor.

Si tienes una agenda realmente frenética, quizá requieras ser un poco más creativo algunas veces. Por ejemplo, quizá en el camino del trabajo a tu casa, usualmente te encuentres atascado en embotellamientos de tráfico por la hora pico. Si sabes que estarás detenido por unos cuantos minutos, ¿por qué no practicar meditación justo en ese momento? Esta puede ser una buena oportunidad para practicar meditación de atención plena.

Continuaremos con esto en otra sección más adelante. Tan solo usar este tiempo para enfocarte en tu respiración, ciertamente será de gran ayuda. Quizá quieras apagar la música, o tocar tonos isocrónicos si los tienes disponibles. Solo asegúrate de mantener los ojos abiertos para notar si el tráfico continúa avanzando. Lo que menos quieres es romper con tu estado de paz mental por causa de una bocina sonando atrás de ti.

Encuentra el mejor momento para meditar

Si logras acomodar el tiempo en tu agenda, intenta meditar por la mañana para iniciar el día con el pie derecho. Podrás iniciar el día con una actitud de calma y una mente clara, y podrás meditar un poco durante el almuerzo para prolongar los beneficios. Sin embargo, esto puede no ser posible debido a tu ocupada agenda, Asegúrate de no estresarte por levantarte más temprano para meditar, ya que reducir el estrés es una de las principales metas de la meditación.

Aunque la mañana es el momento idea, es importante encontrar un tiempo constante en tu agenda diaria. Quizá quieras poner la alarma del despertador unos cinco minutos más temprano para intentar meditar. La diferencia de cinco minutos no tendrá un impacto importante en tu sueño, pero puede lograr una notable diferencia en cómo te sientes a la hora de iniciar el día; sin mencionar el hecho de que te sentirás con mayor energía también. O quizá quieras probar meditar justo antes de ir a la cama. Realmente no importa cuando, con tal de que lo hagas.

Incluso con solo encontrar unos cuantos minutos una o dos veces al día para meditar notarás resultados positivos. Solo encuentra la forma ideal de hacerlo para tu agenda. Siguiendo estos consejos podrás encontrar ese tiempo con cualquier agenda. Asegúrate de ser constante con tu práctica para que valga la pena. Una vez que logres lidiar con esto, te encontrarás con más calma y lograrás una vida más productiva debido a la práctica de la meditación.

¿Cómo debo sentarme?

Muchos de ustedes se preguntarán al iniciar si requieren sentarse de una cierta forma para meditar con propiedad. Querrán saber sobre las diferentes posiciones, y sobre cuál es la mejor posición para ustedes. Voy a hacer esto lo más simple posible: ¡No importa la posición en la que te sientes!

Puede parecer poco convencional decirlo, pero en realidad es así. La única cosa que verdaderamente importa es que te encuentres cómodo y, preferentemente, sentado derecho con la columna recta. Eso es todo. Pero lo más importante es que te sientas cómodo. Así que, si sentarte derecho con la columna recta resulta incómodo, cúrvate un poco si lo requieres.

Recuerda que el principal objetivo al meditar es permanecer enfocado. Es difícil enfocarse cuando te sientes incómodo, o incluso si sientes dolor tratando cierta técnica de posición, tales como la flor de loto con ambos pies sobre tu regazo. Si eres flexible y te gustan los retos, entonces inténtalo, pero para la mayoría de las personas simplemente no es realista. Recuerda, la meditación no debe ser dolorosa, sino placentera.Así que, si la forma en que te sientas te produce dolor o te hace sentir incómodo, lo estas haciendo mal.

Para mayor confort, quizá quieras explorar la posibilidad de comprar un sillón de meditación. No entraré en detalles sobre los diferentes tipos, pero algunos de los más comunes son el Zafu, sillón rectangular o el sillón de media luna. Si deseas encontrar más acerca de simplemente usa tu buscador de internet para ver cuál podría gustarte. También podrías usar una almohada, lo que es suficiente para la mayoría de las personas. Es lo que yo uso, y me funciona de maravilla.

Desde luego, mientras vas avanzando en tu práctica, quizá querrás retarte un poco e intentar alguna posición más avanzada, o quizá solo quieras conocer algunas posiciones diferentes que podrías intentar. Ya sea que esto te describa a ti, o tu solo seas del tipo curioso, iré más allá e incluiré algunas fotografías de diferentes posiciones comunes de meditación con unabreve explicación.

BIRMANA

Esta posición es ideal para principiantes. A menos que seas sumamente flexible, encontrarás muy difíciles la mayoría de las otras posiciones, lo que hace esta posición aún más atractiva para la mayoría. Consiste simplemente en sentarse con las piernas cruzadas con los pies debajo de cada uno de los muslos. Entonces solo siéntate con la espalda derecha, las manos sobre las rodillas son opcionales, pero no son necesarias. Y eso es todo con esta posición.

Seiza

El nombre viene del japonés y significa "correcto sentar". De entre todas las posiciones, esta es probablemente la más fácil de implementar. Fue adoptada por los japoneses alrededor del siglo 18 como una forma común de sentarse en su cultura. Sin embargo, alrededor del siglo 20 esta práctica se fue volviendo poco común, permanece hasta la fecha como una práctica habitual en algunas artes marciales, tales como el Aikido y el Kendo. Consiste simplemente en sentarse derecho sobre tus rodillas, con las sentaderas posadas sobre los talones. El empeine debe descansar en el piso con los ángulos apuntando ligeramente hacia afuera. Esta posición es ideal para aquellos que son poco flexibles. Al punto de que aún la posición Birmana siga resultando retadora. El único problema con esta posición es que tus rodillas pueden sentir dolor luego de un corto tiempo, por lo que recomiendo que en lugar de realizarla sobre un piso duro y firme, como en la imagen, lo hagas sobre una almohada o cojín.

Loto (¡Auch!)

Para aquellos de ustedes con increíble flexibilidad, que deseen enfrentar un reto, la posición de loto resultará atractiva. Esta posición es muy común en la tradición Budista de meditación. La posición toma su nombre como remembranza del loto,

una flor común en muchas partes de Asia.
Podrás preguntarte por qué alguien intentaría esta posición. Bueno, puedo decirte que la mayoría de las personas no lo harán. Sin embargo, si eres muy flexible y capaz de lograrlo, la posición podría ayudarte con la apropiada respiración. También ayuda con la estabilidad, e induce presión sobre la baja espina, induciendo la relajación. Algunos incluso creen que la posición de loto ayuda a redirigir la irrigación sanguínea de las piernas hacia el abdomen, ayudando con la digestión.

Para los que deseen intentarlo, les recomiendo ampliamente usar un cojín Zafu, o al menos un tapete acolchado, ya que el balance y el confort son sumamente importantes. Primero pon un pie sobre el muslo opuesto, con la planta del pie viendo tan arriba como sea posible. Acomódalo tan cerca como puedas del abdomen. Luego simplemente coloca el otro pie en el muslo opuesto para sentarte de forma simétrica. De ser posible, que ambas rodillas toquen el piso. Tu espina dorsal debe sostener tu dorso con el menor apoyo muscular posible. Tu torso deberá encontrarse directamente sobre tus caderas.

Si eres capaz de lograrlo con éxito, felicítate. Eres probablemente más flexible que el 90 % de las personas en el mundo. Al menos en los Estados Unidos, eso es seguro. Como mencioné anteriormente, el dolor puede distraerte del enfoque y, en casos extremos, incluso puede provocar que te lastimes. Como ya establecimos, esta posición esta simplemente fuera de toda consideración para cualquiera de nosotros. Sin embargo, existe una versión de esta posición ligeramente más sencilla. Se llama medio loto, y la mostraremos a continuación. Pero aún esta posición no es nada sencilla.

Medio Loto

La posición de medio loto es tan solo una versión modificada de la posición de loto. En lugar de tener ambos pies sobre tus muslos, simplemente requieres colocar uno de tus pies sobre el muslo opuesto, y el otro pie por debajo del muslo opuesto. Si no logras subir el pie del todo sobre tu muslo, está bien. Solo inténtalo y asegúrate de poner la planta del pie viendo hacia arriba. Con esta posición, en lugar de sentarte de forma simétrica te sentarás de forma asimétrica.

Esta posición es solo un poco más sencilla que la posición de loto clásica, pero aún no es fácil de alcanzar para la mayoría. Pero aquellos de ustedes que van volviéndose más flexibles, pueden trabajar con ella. Desde luego, no olviden detenerse si experimentan cualquier dolor o incomodidad.

Estas son las posiciones de meditación más comunes. Sin embargo, como mencionamos anteriormente, no necesitas hacer ninguna de estas si no lo deseas. Esencialmente, solo debes hacer lo que resulte lo más cómodo para ti. Quizá quieras sentarte en una silla. Puedes intentar cualquier posición de las arriba mencionadas, o experimentar con tus propias formas. Cualquier posición que puedas encontrar que te haga sentir más cómodo, preferiblemente con la columna erguida, es realmente la que debe usar.

Mantras: ¿Qué hacen? y ¿Necesito usarlos?

Los mantras son medicina para el alma. Se trata de simples cantos, frases y oraciones que son específicamente diseñados para generar vibraciones que faciliten el crecimiento espiritual, la sanidad y la creatividad. Los mantras no son necesariamente para meditar, pero puede ser una buena idea considerar incluirlos en tu práctica de meditación por varias razones. Una de ellas es que ayudan a tu mente a mantenerse enfocada, y previenen el pensamiento inquisidor. También pueden ayudarte a alcanzar un estado de meditación más profundo.

La palabra "mantra" viene de dos palabras sánscritas: "manas", que significa mente y "trai", que significa liberarse. Por lo tanto, los mantras son literalmente herramientas para liberarse de la mente. Para aquellos que son nuevos en la meditación, o quienes son expertos en el silencio transformador, los mantras pueden profundizar la experiencia de meditación, al proveer un enfoque sutil que libera a la mente de las distracciones. Enseguida exploraremos como usarlos, algunos ejemplos de mantras y como estos pueden cambiar tu vida.

Cómo funcionan los mantras

El sánscrito es considerado por muchos lingüistas como la lengua ideal, debido a que su pronunciación correcta lleva a producir vibraciones que ninguna otra lengua puede alcanzar. Los practicantes de meditación usan vibraciones para conectar con el universo y poner en movimiento lo que se manifiesta a través del mantra elegido. Durante una experiencia de meditación, la persona elige unapalabra o serie de palabras que repetirá como mantra. Usualmente, la persona seleccionará un mantra que le hable espiritualmente y provoque una respuesta poderosa. Repitiendo el mantra una y otra vez, se afirma al interior del alma; se filtra bajo la superficie del subconsciente.
Su significado fluye a través de los siete

chacras del cuerpo, que son los centros de procesamiento de energía localizados a lo largo de la espina y la cima de la cabeza. Cada chacra responde a una vibración específica, y los mantras son herramientas para crear una vibración acorde con cada uno de ellos. Imagina cada chacra como un instrumento, y el mantra como un diapasón. Al sonar el diapasón, el instrumento entra en resonancia con él. Esto puede limpiar las energías negativas que no comparten la misma vibración. Así, el mantra limpia al cuerpo de negatividad y malos hábitos, reemplazándolos por otros más positivos.

Ejemplos de mantras

Uno de los mantras más conocidos, y universalmente usado en la meditación es el mantra OM, el mantra de la aceptación y el consentimiento. Esta simple sílaba vibra a 432 Hz, que es el campo vibratorio del Universo. El sonido causa que la energía se reúna y fluya a través de la espina, lo que lo hace un excelente mantra para preparar la energía para el movimiento en la experiencia de meditación. OM ayuda al individuo a aceptar su ser superior, y a permitir a la energía fluir sin impedimento. Incrementar o disminuir la frecuencia del sonido puede crear cambios que coincidan con el Universo, y mantengan quietos los pensamientos.

Otro mantra poderoso es Om Namah Shivaya. Esta frase se traduce como "Honro la divinidad en mi". Si estas familiarizado con el libro Comer, Orar, Amar de Elizabeth Gilbert, es escuchado este mantra que su Gurú le dio. Ella se refiere a este como "La asombrosa Gracia del Sánscrito". Y la energía de este mantra es en verdad asombrosa para construir auto confianza. El mantra ayuda a recordar al individuo que está hecho de energía divina y, por lo tanto, debe ser tratado acorde con ello.

Om Gum Ganapatayei Namah es un mantra poderoso dentro de las enseñanzas de las técnicas de la India. Ganesh es el dios de la sabiduría y el éxito, que destruye los obstáculos. El mantra debe decirse como una oración al dios por bendición y protección. Es el más poderoso para los individuos que están atravesando algún duro reto en sus vidas y necesitan dirección.

Como transforman los mantras

Pasar algunas horas cantando mantras puede tener notables efectos. La vibración de los mantras permite la estimulación de los chacras, lo que permite un estado más relajado de consciencia mental. La mente estará más libre, en calma y le será más fácil evadir las distracciones. Los mantras funcionan en una manera que permite al cuerpo elevarse en un espiritual estado alterado del ser. Son poderosas herramientas para la sanación, pues energizan la vida dentro del individuo. Muchos sanadores usan técnicas con mantras para curar enfermedades o condiciones de salud, lo que demuestra la grandiosa fuente de poder que representan.

Elige los mantras con los que conectes

intuitivamente, y que te hagan sentir que debes introducir tu experiencia de meditación. Quizá no todos ellos sean necesarios, porque seguramente serás muy saludable en algunos aspectos y no en otros. Elige los mantras que resuenen con tus propias necesidades espirituales, y comienza a incorporarlos en tu meditación. Con el paso del tiempo, sentirás el poder de la energía sanadora corriendo por tu cuerpo y cambiara tu vida para mejorar.

¿Qué pasa si no puede quedarme quieto?

Si eres como yo era al iniciar con la meditación, una de tus principales preocupaciones puede ser que simplemente no puedes soportar la idea de permanecer quieto por unos minutos, Si tienes TDAH, o sabes que no puedes quedarte quieto por cualquier razón, encontrarás el concepto completo de la meditación como algo desalentador. Afortunadamente, sin embargo, la meditación no necesariamente significa permanecer sentado con los ojos cerrados por quince minutos, Lo creas o no, puedes incluso meditar mientras caminas, lo que puede resultar ideal para aquellos de nosotros que luchamos para permanecer sentados durante un rato.

Meditar caminando puede ser tan profundo como meditar mientras permaneces sentado, con la ventaja de combinar la experiencia de meditación con actividad física. De hecho, es mucho más sencillo permanecer consciente y prestar atención a tu cuerpo cuando éste está en movimiento que cuando permanece sedentario, lo que hace mucho más fácil implementarlo si estas empezando. Te permite estar más presente en el ahora y con tu cuerpo. El simple movimiento de alternar el pie izquierdo con el pie derecho, naturalmente crea un estado de meditación. Hay una variedad de meditaciones caminando. Los que siguen son muy simples, informales y te proveen de una tremenda auto consciencia.

Cuándo y Dónde

Será mejor practicar la meditación mientras caminas al aire libre, desde luego. Es recomendable que el escenario para la caminata sea un ambiente natural para obtener lo mejor de la experiencia. El simple hecho de estar en la naturaleza incrementa la consciencia y la fisiología. La sensación de la briza, el canto de los pájaros, o ver las alas de un mariposa en vuelo, hará algo dentro de ti que te proveerá energía. Se sugiere apartar al menos 20 minutos para una caminata de meditación, libre de toda distracción. La caminata debe recibir tu atención completa, para que puedas sumergirte por completo en la experiencia de meditación.

Preparación

Antes de comenzar a caminar, asegúrate de tomar un tiempo para prepararte mientras permaneces quieto. Usa la oportunidad para hacerte consciente de tu cuerpo. Respira profundo, inhalando profundamente hacia el abdomen. Coloca todo tu enfoque en percibir esta sensación, mientras permites que tu respiración regrese a la normalidad por sí misma. Toma nota de cómo se siente tu cuerpo mientras permaneces de pie, y enfócate también en todas las sensaciones que entran por tu cuerpo. Esto ayudará a iniciar la experiencia de meditación con mayor concentración y consciencia.

Caminata de Meditación.

Comienza caminando a un paso relajado, moderadamente lento, pero normal. No es necesario ganar una carrera mientras meditas. Enfócate en las sensaciones de tu cuerpo mientras estás en movimiento. Es natural que tu atención se desvíe hacia las bellas vistas que te rodean, pero continua trayendo la atención al interior de tu cuerpo. Pon atención a la experiencia física, y no permitas que te sorprendan pensamientos o preocupaciones. Nota como tu cuerpo siente con mayor detalle cuando prestas atención al movimiento de tu caminar. Siente a todo tu cuerpo involucrándose en la acción, enfócate en el movimiento alternado de tus pies, junto con el de tus brazos y caderas.

Percibe las áreas de tu cuerpo que normalmente no percibes. Nota cómo se sienten tus pies al contacto con tus calcetines y zapatos; siente la textura de la tela rosándolos, mientras sientes el peso de tu cuerpo soportado en ellos. Siente todo tu pie, incluyendo el talón al moverse en el suelo, y cómo el movimiento continúa hacia el frente y los dedos del pie. Pon atención a tu pie mientras se levanta y avanza. Enseguida, permite que tu atención fluya hacia cada parte de tu cuerpo de la misma manera. Lentamente, escanea tus tobillos, pantorrillas, rodillas, muslos, caderas, espalda, pecho, hombros, cuello, brazos, cabeza y hasta tu piel. Puedes proceder poniendo atención a tu cuerpo de manera aleatoria, o puedes proceder de forma más sistemática desde los talones a la cabeza.

Cada vez que percibas alguna tensión a lo largo de tu cuerpo, simplemente déjala ir. Permite que esa parte de tu cuerpo se relaje. Deja que tus caderas y tus brazos se balanceen con soltura, mientras tu cuerpo naturalmente camina. Mientras te relajas, la caminata será más sencilla y disfrutable. Recuerda, lo más importante es enfocar tu consciencia constantemente en tu cuerpo. En cuanto tu mente comience a divagar, devuelve la atención al detalle de tus movimientos.

Asumiendo que estés caminado en un área rodeada de naturaleza, observa lo que te rodea. Trata de enfocar tu atención en la belleza del entorno. Toma un tiempo para apreciar las bellas flores y árboles a tu alrededor. Yo sé que usualmente encuentro muchos patos rondando, y disfruto centrarme en ellos y apreciarlos. Quizá se acerca el otoño, y las hojas comienzan a cambiar de color. Ya sean lindos y suaves animales, o plantas y árboles a tu alrededor, trata de encontrar algo que encuentres hermosos, y enfócate en ello. Cuando te enfocas en aquello que te produce placer, te sentirás más relajado, lo que hará tu paseo de meditación más profundo y efectivo. Por ello, recomiendo encontrar un ambiente más natural. Sin mencionar el hecho de que el mundo industrializado puede ser bastante alocado y estresante, por lo que verte rodeado de naturaleza es una gran manera de escapar temporalmente de dicho ambiente. Esto, desde luego, de nuevo te ayuda a relajarte y a hacer tu experiencia de meditación tan disfrutable como efectiva.

Sobre todo, la caminata de meditación es una maravillosa manera de transformar algo que haces todos los días en una práctica sanadora, nutritiva y disfrutable para despertar auto consciencia. No te preocupes si se siente un poco raro al inicio, continúa enfocado y sigue adelante. Poco a poco se volverá más natural y requerirás de menos esfuerzo. Con la práctica, la caminata de meditación te llevará desarrollar atención plena y consciencia. También ayudará a aliviar cualquier síntoma de enfermedad, disminuirá la presión sanguínea, y reducirá el estrés para mejorar tu estado de ánimo, al tiempo que realizas un buen ejercicio.

Guía para la meditación de Atención Plena

Atención Plena, también conocido como Mindfulness, es un estilo de meditación que consiste en enfocar la mente en el momento presente y desarrollar un estado de tranquilidad y paz interior. La meditación regular de Atención Plena busca equilibrar los estímulos que llegan del medio ambiente con la quietud al interior del alma. La consciencia interior resultante ayuda a las personas a navegar a través de los tiempos difíciles en sus vidas y provee claridad para la rutina diaria.

La meditación de Atención Plena es grandiosa para aquellos que viven rodeados de cierto ruido, o ambientes activos y encuentran difícil por momentos encontrar un lugar solitario y apacible. La razón es que la meditación de Atención Plena utiliza el medio ambiente a tu alrededor para ayudarte a permanecer enfocado. Si no deseas que tu ambiente sea demasiado caótico, ya que puede ser una distracción, con Mindfulness está bien tener algo de ruido aquí y allá.

De modo que, si escuchas demasiado a tus vecinos al hablar, vives cerca del tráfico y puedes oír los autos al pasar constantemente, está bien. Si lo único que puedes hacer es estar solo en un cuarto que no tenga tantas distracciones, al punto de no poder llegar al estado de meditación, entonces estás listo para empezar. La siguiente es una guía de cómo puedes practicar meditación de Atención Plena, y los beneficios que traerá a tu vida diaria.

Ambiente

El primer paso para conectarte de manera efectiva con tu ser interior es encontrar un ambiente sagrado que permita que la claridad se presente. El ambiente perfecto sería uno limpio y claro, libre de distractores y ruidos que puedan provocar la pérdida de la atención. Aparta un espacio dedicado a tu meditación. Asegúrate de tener solamente cosas que te inspiren y representen algo para ti en este espacio; asegúrate de deshacerte del desorden. Tu espacio sagrado personal puede ser una esquina de tu habitación, o puede ser afuera, debajo de un árbol en tu patio trasero. Cualquier espacio que elijas, asegúrate de que sea un lugar en el que te sientas cómodo y en calma.

Postura

Una vez que encuentres un lugar relajante y silencioso para meditar, siéntate en una silla o directamente en el suelo. La postura que tomes al sentarte dictará cómo fluye la energía a través de tu cuerpo, por lo que requieres asumir una postura que asegure la claridad. Mantén la cabeza, cuello y espalda derechos, pero nunca rígidos. Asegúrate de que tus pies reposen sobre el piso, que tus caderas permanezcan centradas y tu espina recta. Es muy útil visualizar que un cordón tira de tu espina desde el techo, como si fueras una marioneta. Permite que tus hombros se relajen y libera la tensión. Esta postura te ayudará a desarrollar claridad mental y creará un nivel óptimo de energía durante tu experiencia de meditación.

Enfoque

Desde luego, el propósito principal de la meditación de Atención Plena es liberar la mente de las distracciones y crear una mente enfocada. Para ello se sugiere que mantengas tu atención en un solo objeto a la vez. Puedes usar una vela, un florero o rosas frescas, o cualquier otro objeto que sea sagrado para ti. Suavemente enfoca la mirada y atención completa en un punto del objeto. Será más difícil de lo que crees, pero se paciente contigo mismo y practica. Eventualmente sentirás la energía cambiar, mientras un estado de calma recorre y limpia tu cuerpo.

Respiración

Frecuentemente damos nuestra respiración por sentada y no le prestamos mucha atención. Pero la meditación de

Atención Plena estriba en enfocar la atención en la sensación del aire al inhalar y exhalar. Siente como tu pecho sube y baja, el aire entrando por tus fosas nasales y saliendo por tu boca. La vida es un precioso presente, y la respiración es lo que la sustenta, de modo que enfocarte en el ritmo natural de tu respiración creará un mayor agradecimiento y aprecio por cada respiro al mismo tiempo que generará paz interior.

Pensamientos

Presta atención a cada pensamiento que pasa por tu mente. Observa a cada pensamiento entrar a tu mente y salir de ella, déjalo ir. Ya sea una preocupación o una esperanza, no lo suprimas o ignores. En lugar de ello, simplemente toma nota y etiquétalo como un pensamiento. Permanece en calma, y mantén el mismo ritmo pausado de respiración. Si te sientes que tu mente te lleva lejos con pensamientos apresurados, examina de qué se tratan. Recuerda no ser duro contigo mismo y no juzgarte si esto sucede. Es normal, y de hecho te ayudará a ser consciente sobre en qué está tu mente. La meditación de Atención Plena puede ser ideal para muchas personas que buscan métodos de crecimiento personal y espiritual. Es perfecta para individuos que llevan vidas ocupadas y tienen dificultades al enfocarse en el momento presente, sin quedar atrapados en el pasado o el futuro. Puede ser de excelente apoyo para los que sufren de estrés crónico, ya que reduce la ansiedad y disminuye la presión arterial. Mindfulness puede representar beneficios para todos, tales como mejorar el estilo de vida en los ámbitos físico y emocional, optimizar la función inmunológica e incrementar la auto aceptación.

Meditación Taoista

La meditación Taoista guarda ciertas similitudes con los sistemas de meditación Hinduista y Budista. Sin embargo, el método Taoísta es mucho menos abstracto y más aterrizado que las tradiciones más contemplativas. Después de todo, la experiencia de meditación no tiene una intención particular, es una meditación indirecta sin técnicas o nociones preestablecidas. La meditación taoísta únicamente se enfoca en la creación, transformación y transmisión de la energía interior del individuo. Lo siguiente es una guía a fondo de la filosofía detrás de la meditación Taoista y como puede ser alcanzada.

Filosofía de Paz Interior
Los registros indican que los ejercicios de respiración asociados a la meditación Taoista han sido practicados desde el año 100 a.C., y quizá su origen sea aún anterior. Una creencia central de esta filosofía es que la respiración correcta

permite que la energía fluya a través del cuerpo. La intención de su creación fue calmar la mente y el cuerpo de pensamientos intrascendentes, para que el individuo pueda alcanzar su fortaleza óptima.

El Taoismo enfatiza dos directrices principales de su meditación, a las cuáles se refieren como Jing y Ding. Jing es el silencio y la quietud, mientras que Ding se refiere a la concentración y el enfoque. Ellos creían que combinar ambas permite a la persona dirigir la atención al interior, y apagar los sentidos externos, a los que llamaban "los cinco ladrones". La meditación Taoista tiene la meta de desarrollar consciencia, con atención plena, libre por completo de distracciones y un estado mental indiferenciado. Desde ahí, los individuos son capaces de experimentar percepción interna natural, sentirse iluminados por el flujo de la energía y alcanzar la paz interior.

¿Cómo funciona?

A pesar de que la meditación Taoista es una de las formas más simples, con frecuencia se considera como la más difícil. No hay técnicas requeridas o posturas especiales que se requieran para alcanzar este inexplorado estado de meditación. Por el contrario, consiste únicamente en experimentar las sensaciones y los cambios que surjan en la energía. Dicho esto, existen algunos pasos útiles que seguir para esta meditación, pero la forma en la que desees conducir tu experiencia de meditación es tu elección.

Uno de los primeros pasos es, usualmente, asumir una posición confortable, con una postura fuerte para soportar tu cuerpo. Suele recomendarse sentarse en la dirección del sol, descansar las palmas suavemente sobre los muslos, sobre las rodillas. Estirar la espina y equilibrar tu peso. Inicia poniendo tu atención a las sensaciones físicas de tu cuerpo, tales como la sensación de la brisa fría o cálida sobre tu piel.

Una vez que hayas logrado la consciencia a

este nivel, cambia la atención hacia la respiración y la energía. Enfócate en el ritmo de tu respiración, mientras atesoras el flujo que entra y sale de tus pulmones a través de la nariz. Nota el flujo de energía que se transmite de dentro hacia afuera de los puntos vitales de tu cuerpo, incluyendo el punto entre tus cejas. Concéntrate en el subir y bajar de tu pecho, junto con el abdomen que se expande.

Con los ojos entre cerrados, visualiza la flama de una vela o un mandala delante de ti. Enfócate en el centro del objeto, mientras observas los bordes con tu vista periférica. Concentrarte de este modo, ayudará dramáticamente a borrar cualquier distracción o pensamiento que entre a tu mente. Adicionalmente, algunas personas encuentran de gran ayuda recitar mantras para armonizar la energía y aumentar la consciencia.

Los taoístas usan generalmente tres silabas muy efectivas: "OM", "AH" y "HUM". Nota como las vibraciones creadas con estos mantras alcanzan a diferentes puntos energéticos de tu cuerpo. Si tu mente continua divagando, no crees juicios al respecto o energía negativa al reprenderte. Mejor visualiza un símbolo sagrado o deidad personal que sea significativo para ti, y úsalo para reenfocar tu atención.

Lo que la meditación taoísta requiere es, sobre todo, práctica diaria para así obtener lo mejor de las experiencias de meditación. Los maestros taoístas advierten que cuando inicias, la mente no suele cooperar. Se piensa que se trata de tu mente emocional luchado en contra de su extinción bajo las fuerzas poderosas de la espiritualidad. Debes aprender cómo aprovechar los sentidos y emociones de la mente, para liberar el espíritu interior y la energía, y así obtener un entendimiento más profundo.

La meditación Taoista es renombrada por el tremendo impacto en el alivio del estrés y reducción de ansiedad que acechan en cada rincón en nuestra vida diaria. Una vez que alcances la energía, esta puede ser provista a todo tu cuerpo para mejorar tu salud, longevidad y la transformación de la mente.

Meditación Zen

La meditación Zen está asociada con el budismo, el cual pone el énfasis en la meditación como su técnica central para unificar el cuerpo y la mente. El objetivo de la práctica es calmar la mente y enfocarse, incrementando en la experiencia la auto consciencia del individuo. La meditación Zen alcanza este objetivo al concentrarse en borrar todos los pensamientos, y enfocándose solamente en la postura y la respiración. La guía que incluimos a continuación te dirigirá por la meditación Zen, incluyendo la filosofía detrás de la misma, y porque deberías probarla.

Filosofía Sanadora

La meditación Zen tiene sus raíces dentro de la religión budista. De acuerdo a su fe, todas las personas poseen "el carácter de Buda", lo que se refiere a una sabiduría interior ilimitada. Se cree que solo se puede acceder a esta sabiduría experimentando el estado mental más natural. Por ello, la meditación Zen surgió como la forma de alcanzar tal estado mental, entonando el mundo alrededor y enfocando en la naturaleza interior del alma. La religión cree que la sabiduría debe ser alcanzada al construir consciencia, auto observación y experiencia práctica, en lugar de a través de las escrituras. Alcanzar la "naturaleza de buda" permite lograr un entendimiento más profundo del mundo, de uno mismo y de los demás. Algunas personas perciben recibir por completo un nuevo sentido del conocimiento y la consciencia. El budismo enseña que la meditación Zen permite a los individuos encontrar paz y armonía en el mundo. Se cree que la forma de meditación conduce a la persona hacia el Satori, que es el primer paso para alcanzar el nirvana al despertar la verdadera naturaleza interna.

¿Cómo funciona?

Comienza por encontrar una ubicación

silenciosa y libre de distracciones que resulte idea para la meditación. La hora usualmente más beneficiosa para meditar es por la mañana muy temprano, o muy tarde por la noche, dependiendo de tus preferencias personales. Cualquiera que sea el momento, asegúrate de no sentirte cansado, ya que lo que menos quieres es meditar para quedarte dormido. También viste de manera cómoda, con ropa suelta que no te distraiga o reprima tu respiración. Consigue un tapete, cojin o sillón para sentirte cómodo y sostenido durante la experiencia.

Ya estás listo para iniciar con tu meditación Zen. El primer paso para alcanzar una experiencia de meditación positiva es elegir la posición correcta para sentarte, y existen muchas de dónde elegir. Por ejemplo, está la posición de flor de loto, que es una posición estable que consiste en poner ambos pies sobre el muslo opuesto. Sin embargo esta posición puede ser confortable o, por el contrario, dolorosa para algunas personas. Existe una modificación: la posición de medio loto, que consiste en poner el pie izquierdo sobre el muslo derecho, y la pierna izquierda debajo del muslo derecho. Asegúrate de hacer suficientes pruebas para estar seguro de encontrar la posición que se acomode mejor para tus necesidades específicas, optimizando tu experiencia. Una vez sentado, mantén tu espalda y espina rectos en una posición fuerte.

Inicia aclarando tu mente de cualquier pensamiento errante, y enfoca la atención en tu respiración. Puedes mantener los ojos cerrados o abiertos, depende de lo que funcione mejor para ti. Enfócate contando cada inhalación y exhalación hasta llegar a diez y empieza de nuevo. Puede ser que tu mente empiece a divagar, pero no te castigues por ello. Mejor se consciente de ese pensamiento y continúa contando. Eventualmente, con el tiempo, no será necesario contar y podrás simplemente concentrarte de manera natural en tu respiración. No tengas miedo de explorar la quietud y descubrir la consciencia oculta dentro de ti. Esfuérzate por meditar quince minutos al inicio, y ve incrementando el tiempo hasta llegar a una hora de meditación.

Beneficios

Aun cuando esta experiencia está muy vinculada con las creencias de la religión budista, no necesitas pertenecer a ella para disfrutar participar en la meditación Zen, y alcanzar la amplia variedad de beneficios. Ha demostrado reducir el estrés y ansiedad significativamente, mientras permite al individuo enfrentar la depresión con facilidad. También mejora la postura, concentración y el sistema inmunológico, así como la autoconfianza. Puede ser difícil aclarar la mente al inicio, pero continúa practicando, eventualmente experimentarás un mayor estado de consciencia, que optimizará en gran medida tu salud y bienestar general.

Meditación Guiada

La meditación guiada permite a la mente ser dirigida en una ruta en particular, al enfocarte en la contemplación y reflexión. Los individuos que participan en esta forma de meditación, suelen seguir a un profesional que verbaliza la meditación guiada en una grabación, o grabarse a sí mismos para escucharlo más tarde. La clave para tener una experiencia exitosa es dejar ir todos los pensamientos que obstruyen tu mente, dejando al subconsciente seguir las palabras que escucha. La mente consciente se quedará dormida, y de este modo el subconsciente es obligado a tomar la delantera y así liberar emociones inconscientes.

La meditación guiada consiste en que un individuo es guiado verbalmente por una experiencia de meditación, para alcanzar la relajación y consciencia. Debido a que este tipo de meditación permite al practicante ser guiado tanto por una grabación como por una voz presente, es uno de los métodos más sencillos de lograr un estado profundo de quietud y paz. Por ello, la meditación guiada es ideal para las personas que tienen dificultad para permanecer enfocados y tranquilos durante otros tipos de meditación. Es también perfecta para aquellos que necesitan ser guiados en su viaje interior, o motivados para cavar más profundamente, lejos de la superficie.

¿Cómo funciona la meditación guiada?

La meditación guiada suele tener lugar en una clase con un instructor de meditación, o en casa escuchando una grabación. En la mayoría de los casos, el guía pide a los practicantes sentarse o recostarse de forma confortable. El guía te dirigirá por varias visualizaciones o sensaciones que con la intención de relajarte. Mientras te relajas con la meditación, tu mente se aclarará y el estrés desaparecerá. En un estado de profunda relajación, el subconsciente se abrirá a un viaje interior para mejorar cualquier aspecto de tu vida que se requiera.

La duración de las meditaciones guiadas va desde cinco minutos hasta una hora, pero la duración de la mayoría varía entre 15 minutos y media hora. Algunos guías incluirán en su práctica música clásica tranquila, y otros algo de rock. La meditación guiada puede adaptarse para alcanzar los objetivos del individuo, tales como empoderamiento, actitud positiva, relajación y frescura emociona con toda una nueva visión. Abajo encontrarás un breve ejemplo de un guion que asemeja la grabación de una meditación guiada.

Ejemplo de guion para meditación guiada: Encuentra un lugar silencioso para sentarte confortablemente. Apaga el teléfono, usa luces tenues y enciende alguna vela aromática. Reposa suavemente las manos sobre tu regazo, permite que la tensión de tus hombros se vaya y cierra los ojos. Es tiempo de relajarte y permanecer en quietud sin distracciones. Es tu tiempo. Toma una larga respiración profunda y lenta. Sostenla por un momento, y luego déjala salir lentamente en una exhalación.

Permítete entrar gradualmente en total relajación, siente como si tus pies se hundieran en la arena de la playa. Deja que la tensión se disipe, mientras respiras cada vez más profundamente en cada inhalación. Toma otra larga y profunda inhalación, sostenla un momento y déjalo salir. Vacía todo el aire de tus pulmones en la exhalación. Siente como eres llevado a un estado de profunda relajación. Continúa enfocado en tu respirar lenta y tranquilamente. Permite a tu cuerpo relajarse y disfruta las sensaciones a lo largo de él.

Ahora, trae tu atención a la coronilla de tu cabeza. Siente como la relajación empieza a extenderse a lo largo de tu cuerpo, desde la cima de tu cabeza. Permite a los músculos de tu cabeza y cara relajarse. Siente la relajación correr hacia abajo, pasando por tus ojos, mejillas y mandíbula. Suaviza los músculos de tu cara, liberando toda la presión. Permite que la sensación de paz fluya hacia tu cuello, entre a tus hombros y libere la tensión, hasta estar en calma por completo. Respira profundamente.

Mientras tu cuerpo continúa relajándose, deja que tu mente se aclare. Siente como los pensamientos pierden peso, flotando a través de tu mente, como las hojas con la brisa del otoño. Deja que la paz fluya por tus hombros, pecho y abdomen. Siente el abdomen al subir y bajar con cada respiración, profunda y gentilmente. Percibe la relajación extenderse por tu espalda y bajar por tu columna. Se consciente de la sensación de paz mientras avanza hacia abajo para relajar tus glúteos.

Permite que la tensión fluya gradualmente, abandonando tus muslos, por el frente y por detrás. La sensación de calma entonces fluye por tus corvas y rodillas; relaja tus tobillos y pies. Enfócate en liberar la tensión de cada uno de los dedos de tus pies. Todo tu cuerpo está en una profunda tranquilidad y relajación. Siente el vacío y la quietud. El tiempo no pasa. Disfruta la soledad y la quietud interior. Cuando los pensamientos crucen tu mente, solo libéralos y regresa a la consciencia. Ella te guiará a casa. Felicítate por el éxito que has tenido al soltarte.

Poderosos beneficios de la Meditación Guiada.

Las meditaciones guiadas son únicas por que permiten entrar en un profundo estado de balance físico, emocional, mental y hasta energético. Como resultado, las meditaciones guiadas te permiten disminuir la ansiedad, eliminar la depresión, reducir el estrés, mejorar la memoria e incrementar la creatividad.

Además, los beneficios físicos de la meditación guiada incluyen liberar la tensión muscular, fortalecer las funciones del sistema inmunológico, disminuir los niveles de colesterol y de la hormonas del estrés. Con esta forma de meditación, puedes ser dirigido para elevar los sentimientos de vitalidad, positividad y confianza para transformar tu vida.

Por tanto, la meditación guiada es ideal para los individuos que lidian con depresión, estrés o ansiedad o baja autoestima. A través de la contemplación profunda, podrás reemplazar el programa mental negativo con un pensamiento positivo creciente que acompañe tu camino. Con la meditación guiada, serás capaz también de enfrentar el estrés con mayor facilidad, dejarás de invertir mucho tiempo preocupándote. En lugar de ello, puedes crear una conexión profunda con tu ser interior y liberar tu mente subconsciente.

Otras Técnicas de Meditación

Aunque la meditación es universal, existen numerosas formas de meditación que varían entre sí en sus prácticas y objetivos, como se mostró en los capítulos anteriores. Algunas veces se requieren algunos ajustes para encontrar la técnica que se ajuste a la personalidad e intereses de cada individuo. Enseguida encontrarás otras cuatro técnicas excepcionales de meditación, que deberías considerar incluir en tus experiencias de meditación para incrementar los beneficios.

Meditación de Yoga

Cuando se combinan el yoga y la meditación crean una poderosa herramienta que puede beneficiar significativamente al individuo. La práctica es ideal para aquellos que están en la búsqueda de nuevas formas de mejorar su calidad de vida, tanto emocional como física. Lo hace llevando al cuerpo a un estado de reflexión y concentración. Promueve la paz del pensamiento, lo que ha probado reducir el estrés y la presión de la vida diaria. A través de las posturas del cuerpo, y los ejercicios de limpieza de la mente, la meditación del yoga provee relajación, agilidad y paz interior al mismo tiempo.

Los individuos que practican meditación de yoga con regularidad experimentan tremendos beneficios. Muchas personas han logrado disminuir la presión sanguínea, normalizar el ritmo cardiaco y mejorar de forma considerable su sistema inmunológico. Al usarla correctamente, se puede percibir la disminución de la enfermedad y se podrán combatir más fácilmente con ciertos padecimientos. Además, las personas que tienden a caer en una mentalidad negativa, desesperanza e inquietud notarán incrementarse sus niveles de felicidades y autoconsciencia.

Tai Chi

A pesar de haber sido diseñado originalmente para defensa personal, el tai chi ha evolucionado en una forma de ejercicio meditativo, útil para reducir de manera importante los niveles de estrés y la ansiedad. Afectuosamente llamado meditación en movimiento, el tai chi consiste en unaserie de movimientos llevados a cabo lentamente, y con atención. Combinado con ejercicios de respiración profunda, es una forma gentil de ejercicio y estiramiento que mantiene el cuerpo en constante movimiento. Al ser de bajo impacto, el tai chi es ideal para personas a quienes aquejan ciertos padecimientos físicos, tales como artritis y dolor crónico.

Incluir el tai chi en tu régimen de ejercicio

y de experiencias de meditación dará como resultado beneficios positivos para mejorar tu salud en general. Notarás un aumento de energía, estamina, flexibilidad, balance, agilidad, capacidad aeróbica y fuerza muscular. Además, el tai chi ayuda a mejorar la calidad del sueño, optimizar el sistema inmunológico, disminuir los niveles de estrés y disminuir el dolor articular. Existen muchas clases de tai chi disponibles en centros comunitarios hoy en día, así que te invito a buscar un instructor para aprender de él, además de unirte a una clase en la que te sientas bienvenido, para agregar socialización.

Meditación Trascendental

También conocida como MT, esta forma de meditación está dirigida a las personas que buscan una forma de mejorar su auto consciencia y de eliminar pensamientos distractores. Al meditar, los individuos se sientan en una posición confortable con los ojos cerrados y repiten mantras. Con esta experiencia, el proceso mental ordinario trasciende a un estado de consciencia pura.

Podrás alcanzar la estabilidad perfecta, orden, calma y liberarte de los límites mentales que restringen tus pensamientos. Los beneficios asociados con MT incluyen limpieza de patrones de pensamientos, mejorar la salud general y longevidad, reducir el dolor crónico, disminuir los niveles de ansiedad así como el riesgo de enfermedades cardiovasculares.

Como puedes ver, existen diferentes opciones disponibles para elegir. Es recomendable hacer una investigación más exhaustiva de estas alternativas, y algunas otras, para poder encontrar la que se ajuste a tu estilo de vida. Una vez que encuentras con la correcta, será como encajar la última pieza de un rompecabezas, y tu salud se disparará.

Cómo meditar para dormir

Si eres de las personas que tienen problemas para dormir, no hay duda de que la meditación puede ayudarte con eso. Existen técnicas de meditación que puedes usar específicamente para ayudarte a conciliar el sueño. La siguiente sección te mostrará cómo usar la meditación para ayudarte a conciliar el sueño. Lo he dividido en cuatro pasos.

Primer paso:

Primero que nada, es muy importante sentarte de manera confortable. Tu cama puede ser, de hecho, una buena opción. Normalmente no se recomienda sentarte en tu cama, ya que puedes quedarte dormido al estar tan relajado, pero siendo en esta ocasión el principal objetivo es quedarte dormido, tu cama parece ser el lugar ideal para sentarte para esta técnica.

Segundo paso:

Ahora requieres enfocarte en algo. Una pequeña vela sería idónea, pero cualquier punto en la pared también puede servir. Asegúrate de que el punto esté a al altura de tu vista, o solo un poco más arriba o abajo. Ahora respira lentamente, permitiendo que el abdomen se expanda y contraiga mientras lo haces. Tal como normalmente lo haces al meditar.

Comienza anotar como tus músculos se relajan. También nota como tus párpados comienzan a sentirse más pesados. Quizá quieras escanear tu cuerpo, desde los dedos de los pies hasta la cabeza. Mientras recorres tu cuerpo, nota como cada músculo en particular comienza a relajarse. Siente la tensión en ellos liberarse cada vez que exhalas. Mientras tanto, tus párpados se vuelven pesados. Comienza a contar las inhalaciones hasta llegar a diez. Al terminar, cierra los ojos y percibe la calma y paz que estas sintiendo.

Tercer paso:

Ahora cierra los ojos e imagínate bajando por una escalera. Mientras desciendes, cuenta hacia atrás a partir del 20. En lo personal, me gusta imaginarme bajando en la obscuridad. Cuando termines de contar y de bajar, continúa caminando hacia el frente.

Cuarto paso:

Mientras caminas de frente, imagina un camino natural que te conduce a una bella playa. En medio de la playa encuentras una acogedora bolsa de dormir, junto a una fogata. Mientras te acuestas en ella, escucha el sonido de las olas meciéndose con gentileza en la orilla del mar. En este punto, cuenta hacia atrás lentamente desde 10. Cuando termines, apaga la luz y acuéstate en tu cama. Deberás estar sumamente relajado y no tener problema para conciliar el sueño.

Solo me resta señalar que puedes cambiar el escenario si lo deseas. Quizá te guste la playa, pero te sientas más en paz en un bosque. El punto es que te imagines a ti mismo en un escenario que te traiga paz y calma. Así que cualquiera que sea, substitúyelo por el ejemplo anterior.

Pensamientos Finales

Este libro ha mostrado la técnica de varios métodos de meditación que puedes empezar a usar hoy miso. He querido presentar los más posibles, para asegurarme de apelar a la necesidad de cada persona. Casi puedo asegurar que aquí se encuentra una técnica apta para todos. Quizá quieras probarlas todas para ver cuál es la que más te gusta. Está bien, pero imagino que será mejor enfocarte a perfeccionar una técnica a la vez. No querrás verte abrumado.

Quizá solo termines intentando una técnica o dos de las presentadas en este libro. Eso también estará bien. La clave es encontrar lo que funcione mejor para ti y hacerlo. Ya lo he mencionado antes, pero vale la pena repetirlo. La única forma en la que puedes fallar al meditar es no intentarlo. No existe un método absoluto, incluso puedes tomar una de las técnicas y hacer pequeñas modificaciones por que sientes que funciona mejor para ti.

www.ingramcontent.com/pod-product-compliance
Lightning Source LLC
Chambersburg PA
CBHW071857070526
44583CB00016B/1738